Ma

My Poems...

Translated by Andrey Kneller

Copyright © Kneller, Boston, 2008

All rights reserved

For Lenkin

A Note on Translation

Ask your loved one to pose before you. Looking at your model, draw a stick figure. Make sure it has two arms, two legs and a head. Are you now an artist? The essential elements might be there, but without the detailed features, - without proper curves, without light and shadow, without color, without capturing your loved-one's facial expression or quirky posture, all you have in the end is a stick figure.

Unfortunately, that's the approach that translators often take on when working with poetry. They focus so much on word choice and literal meaning that in the end all of the supporting details get lost, and the reader is left with a skeleton of what used to be a beautiful poem. This is not a *translation*, this is a *transgression*.

In this book, I've tried my best to preserve details, without losing sight of the big picture. Meter, rhyme, line length – all of these elements are essential in understanding the complexity and beauty of Marina Tsvetaeva's work. For those of you who are able to enjoy Marina Tsvetaeva in the original Russian language, I hope that you still recognize your loved one in my work. For those of you, who are reading Marina Tsvetaeva for the first time, I hope that you see something that you like in this portrait. And finally, I humbly ask all of you to forgive me my short-comings, since a perfect translation is a goal that simply cannot be reached.

Andrey Kneller

Table of Contents

In Paris	3
Prayer	5
For Mama	7
Meeting	9
"Forgive me" To Nina	11
In The Winter	13
Cats	15
"My poems…"	17
"You, walking past me and racing…"	19
"You walk, somewhat like myself…"	21
P. E.	25
"I never think or argue…"	31
"Beneath the plush plaid's sweet caresses…"	33
"My eyes are scorched by every gaze…"	35
"I like the fact…"	37
"I stare into the mirrored glass…"	39
"I've never honored commandments…"	41
"I know the truth…"	43
"Two suns are cooling down…"	45
"The gypsy passion of parting…"	47
"No one was left at a loss…"	49
"Where does such tenderness come from…"	51
"Here, in my Moscow…"	53

"Above the city Peter had abandoned…"	55
"We cross the squares..."	57
"They thought - he was a man…"	59
"You won't leave me..."	61
"You overshadow the sun in the sky…"	63
"I was given two hands..."	65
"In my unending city, there is night…"	67
"After a night of insomnia..."	69
Daniel	71
"This night, I wander, all alone outside..."	73
"I'll conquer you..."	75
"I cannot wait for Saturday these days..."	77
"Did you roam the smoldering squares..."	79
"Have these tatters, my dear..."	81
"To kiss the forehead..."	83
"Just live!..."	85
"My day's peculiar and mad..."	87
"My footsteps are light…"	89
Psyche	91
"Seven swords pierced Mary's heart…"	93
"I am. You will be…"	95
"Upon my deathbed, I won't say…"	97
"Nights without the beloved…"	99
"Like the arm on the left and the arm on the right..."	101
"There's only one sun…"	103

"I'll sneak up..."	105
"I wrote in school, upon the board of slate..."	107
"Held captured and enraptured deeply..."	109
"Just yesterday..."	111
"Love! Even convulsing..."	115
"A path - up into ether..."	117
Hamlet's dialogue with his conscience	119
An attempt at jealousy	121
To B. Pasternak	125
Writing Table	127
"I've cut open my veins..."	129
"I've never revenged myself..."	131
"Thinking of somebody else..."	133
"On the map..."	133

Marina Tsvetaeva

Selected Poems:

1909-1936

В Париже

Дома до звезд, а небо ниже,
Земля в чаду ему близка.
В большом и радостном Париже
Все та же тайная тоска.

Шумны вечерние бульвары,
Последний луч зари угас.
Везде, везде всё пары, пары,
Дрожанье губ и дерзость глаз.

Я здесь одна. К стволу каштана
Прильнуть так сладко голове!
И в сердце плачет стих Ростана
Как там, в покинутой Москве.

Париж в ночи мне чужд и жалок,
Дороже сердцу прежний бред!
Иду домой, там грусть фиалок
И чей-то ласковый портрет.

Там чей-то взор печально-братский.
Там нежный профиль на стене.
Rostand и мученик Рейхштадтский
И Сара — все придут во сне!

В большом и радостном Париже
Мне снятся травы, облака,
И дальше смех, и тени ближе,
И боль как прежде глубока.

Июнь 1909

In Paris

Skyscrapers, and the sky below,
It nears the earth in misty layers.
The same covert and secret woe
Persists in vast and happy Paris.

The evening boulevards are loud,
The sunset's final glimmer dies.
And there are couples all around,
And trembling lips and daring eyes.

I'm here alone. It's nice to rest
One's head against the chestnut tree!
Just as in Moscow, here, the chest
Cries out with Rostand's poetry.[1]

Dear are the long gone days of folly,
Paris at night is strange and dull,
I'm walking home to grieving violets
And someone's portrait on the wall.

That profile glance, as of a brother,
Is intimate and sad. It seems,
Tonight I'll see the Reichstadt martyr,
Rostand and Sarah,[2] in my dreams!

In vast and happy Paris, here,
I dream of grass and cloudy nights,
And laughter's far and shadows near,
Again, the same deep pain abides.

June, 1909

Молитва

Христос и Бог! Я жажду чуда
Теперь, сейчас, в начале дня!
О, дай мне умереть, покуда
Вся жизнь как книга для меня.

Ты мудрый, ты не скажешь строго:
-"Терпи, еще не кончен срок".
Ты сам мне подал -- слишком много!
Я жажду сразу -- всех дорог!

Всего хочу: с душой цыгана
Идти под песни на разбой,
За всех страдать под звук органа
И амазонкой мчаться в бой;

Гадать по звездам в черной башне,
Вести детей вперед, сквозь тень...
Чтоб был легендой -- день вчерашний,
Чтоб был безумьем -- каждый день!

Люблю и крест и шелк, и каски,
Моя душа мгновений след...
Ты дал мне детство -- лучше сказки
И дай мне смерть -- в семнадцать лет!

26 сентября 1909

Prayer

I need a miracle, Christ, My Lord!
Here, now, before the sun can rise!
O, let me pass on, while the world
Is like a book before my eyes.

No, You are fair and will not judge:
"It's not your time, and so live on."
For You have given me too much!
I long to take all roads - in one!

I crave it all: With a gypsy's passion,
To raid and loot, singing a song,
And hearing organs, feel compassion,
And rush to war, - an Amazon;

Wish on the stars, up in the dungeon,
Lead kids through shadows on the way,
Turn yesterday into a legend,
And suffer madness every day!

I love this cross and this silk veil,
My soul is but a moment's gleam...
You've made my youth a fairytale, -
Now, let me die - at seventeen!

September 26, 1909

Маме

В старом вальсе штраусовском впервые
Мы услышали твой тихий зов,
С той поры нам чужды все живые
И отраден беглый бой часов.

Мы, как ты, приветствуем закаты,
Упиваясь близостью конца.
Все, чем в лучший вечер мы богаты,
Нам тобою вложено в сердца.

К детским снам клонясь неутомимо,
(Без тебя лишь месяц в них глядел!)
Ты вела своих малюток мимо
Горькой жизни помыслов и дел.

С ранних лет нам близок, кто печален,
Скучен смех и чужд домашний кров...
Наш корабль не в добрый миг отчален
И плывет по воле всех ветров!

Все бледней лазурный остров-детство,
Мы одни на палубе стоим.
Видно грусть оставила в наследство
Ты, о мама, девочкам своим!

1910

For Mama

For the first time, in the Strauss waltz
We discerned your quiet, haunting calling.
Now, we're strangers to the living souls,
And we find the racing clocks consoling,

Just like you, we hail the setting sun,
Get intoxicated with the nearing end.
We are rich with all that you have done
And instilled into our hearts again.

You served our dreams without growing weary,
(Only the moon takes notice of them now)
As you led your children past the dreary,
Hectic life, - evading it somehow.

From early on, we loved the broken-hearted,
And knew that home-life wasn't made for us.
One dismal day, our ship had left the harbor
And now it's freely tossed by every gust.

The azure isle of our childhood drifts farther,
We stand alone upon the deck, in disbelief.
It appears that for your daughters, mother,
You've bequeathed just melancholy grief!

1910

Встреча

Вечерний дым над городом возник,
Куда-то вдаль покорно шли вагоны,
Вдруг промелькнул, прозрачней анемоны,
В одном из окон полудетский лик.

На веках тень. Подобием короны
Лежали кудри... Я сдержала крик:
Мне стало ясно в этот краткий миг,
Что пробуждают мертвых наши стоны.

С той девушкой у темного окна
— Виденьем рая в сутолке вокзальной —
Не раз встречалась я в долинах сна.

Но почему была она печальной?
Чего искал прозрачный силуэт?
Быть может ей — и в небе счастья нет?

1910

Meeting

The evening mist appeared above the town,
Submissively, the trains sped through the haze,
Clear as the petals of anemones, a face
Flashed in a window, youthful and round.

A shadow on her eyelids. Like a crown,
Those golden curls... I hushed myself, amazed:
I understood that with our moans, we raise
The long deceased from underneath the ground.

In valley of my dreams, I've often greeted
- An apparition in the crowded station -
This youthful lady by the window seated.

But why was she so sad on this occasion?
What did this silhouette seek out and why?
Was she not happy - even in the sky?

1910

"Прости" Нине

Прощай! Не думаю, чтоб снова
Нас в жизни Бог соединил!
Поверь, не хватит наших сил
Для примирительного слова.
Твой нежный образ вечно мил,
Им сердце вечно жить готово, --
Но все ж не думаю, чтоб снова
Нас в жизни Бог соединил!

"Forgive me" To Nina[3]

Farewell! By God, I think that while
We're both alive, we shall not meet!
We lack the courage for the feat
Of sharing words to reconcile.
Your tender face is kind and sweet,
My heart will cherish it, inspired,
And yet, by God, I think that while
We're both alive, we shall not meet!

Зимой

Снова поют за стенами
Жалобы колоколов…
Несколько улиц меж нами,
Несколько слов!
Город во мгле засыпает,
Серп серебристый возник,
Звездами снег осыпает
Твой воротник.
Ранят ли прошлого зовы?
Долго ли раны болят?
Дразнит заманчиво-новый,
Блещущий взгляд.

Сердцу он (карий иль синий?)
Мудрых важнее страниц!
Белыми делает иней
Стрелы ресниц...
Смолкли без сил за стенами
Жалобы колоколов.
Несколько улиц меж нами,
Несколько слов!
Месяц склоняется чистый
В души поэтов и книг,
Сыплется снег на пушистый
Твой воротник.

In The Winter

The bells again break the silence,
Wailing with remorse…
Only several streets divide us,
Only several words!
A silver sickle lights the night,
The city sleeps this hour,
The falling snowflakes set alight
The stars upon your collar.
Are the sores of the past still aching?
How long do they abide?
You're teased by the captivating,
New and shimmering eyes.

They (blue or brown?) are dearer
Than anything pages hold!
Their lashes are turning clearer,
Out in the freezing cold…
The church bells have faded to silence
Powerless from remorse…
Only several streets divide us,
Only several words!
The crescent, at this very hour,
Inspires poets with its glow,
The wind is gusting and your collar
Is covered with the snow.

Кошки

Максу Волошину

Они приходят к нам, когда
У нас в глазах не видно боли.
Но боль пришла - их нету боле:
В кошачьем сердце нет стыда!

Смешно, не правда ли, поэт,
Их обучать домашней роли.
Они бегут от рабской доли:
В кошачьем сердце рабства нет!

Как ни мани, как ни зови,
Как ни балуй в уютной холе,
Единый миг - они на воле:
В кошачьем сердце нет любви!

1911

Cats

> For Max Voloshin[4]

They'll pay a visit to our place
Just when our eyes are free of pain,
Let pain appear, - they won't remain:
The hearts of cats feel no disgrace!

It's funny, poet, wouldn't you say,
How hard we try to make them tame.
They will not play the roles of slaves:
The hearts of cats will not obey!

We can't entice them quite enough,
It matters not what treats we feed them,
A moment - and they run to freedom:
The hearts of cats contain no love!

1911

***

Моим стихам, написанным так рано,
Что и не знала я, что я - поэт,
Сорвавшимся, как брызги из фонтана,
Как искры из ракет,

Ворвавшимся, как маленькие черти,
В святилище, где сон и фимиам,
Моим стихам о юности и смерти,
- Нечитанным стихам! -

Разбросанным в пыли по магазинам
(Где их никто не брал и не берет!),
Моим стихам, как драгоценным винам,
Настанет свой черед.

Май 1913

***

My poems, written early, when I doubted
that I could ever play the poet's part,
erupting, as though water from the fountain
or sparks from a petard,

and rushing as though little demons, senseless,
into the sanctuary, where incense spreads,
my poems about death and adolescence,
- that still remain unread! -

collecting dust in bookstores all this time,
(where no one comes to carry them away!)
my poems, like exquisite, precious wines,
will have their day!

May, 1913

***

Вы, идущие мимо меня
К не моим и сомнительным чарам, —
Если б знали вы, сколько огня,
Сколько жизни, растраченной даром,

И какой героический пыл
На случайную тень и на шорох...
И как сердце мне испепелил
Этот даром истраченный порох.

О, летящие в ночь поезда,
Уносящие сон на вокзале...
Впрочем, знаю я, что и тогда
Не узнали бы вы — если б знали —

Почему мои речи резки
В вечном дыме моей папиросы, —
Сколько темной и грозной тоски
В голове моей световолосой.

17 мая 1913

***

You, walking past me and racing
After charms that you'll hardly attain, -
If you knew how much fire is wasted,
How much life is wasted in vain!

And what flames, so courageously rash,
An occasional shade can evoke,
And how my heart was burnt into ash
By this useless gunpowder smoke.

O, the trains leaving terminals nightly,
Carrying sleep wherever they go …
Then again, I know, it's unlikely
That you'd know, even if you could know -

Why my speeches are sharp and brief
In the smoke of my cigarette, -
How much dark and menacing grief
Dwells in my golden-haired head.

May 17, 1913

***

Идешь, на меня похожий,
Глаза устремляя вниз.
Я их опускала - тоже!
Прохожий, остановись!

Прочти - слепоты куриной
И маков набрав букет -
Что звали меня Мариной
И сколько мне было лет.

Не думай, что здесь - могила,
Что я появлюсь, грозя...
Я слишком сама любила
Смеяться, когда нельзя!

И кровь приливала к коже,
И кудри мои вились...
Я тоже была, прохожий!
Прохожий, остановись!

Сорви себе стебель дикий
И ягоду ему вслед:
Кладбищенской земляники
Крупнее и слаще нет.

Но только не стой угрюмо,
Главу опустив на грудь.
Легко обо мне подумай,
Легко обо мне забудь.

***

You walk, somewhat like myself,
Hunched, and not looking up.
I used to lower my eyes as well!
Stop here, passerby, stop!

Having gathered your flowers in a
Bouquet, read the stone by the gate -
It will say I was named Marina,
And I lived to the following date.

It's a grave, but don't treat it as such,
My spirit won't rise to haunt you…
I, myself, loved laughing too much
Whenever I wasn't supposed to!

My hair was once curled and twisted
And blood used to rush to my face.
Hey, passerby, I also existed!
Hey, passerby, slow your pace!

Stop here and pluck a wild stem
And after that – pick this berry:
No berries are sweeter than
The ones from a cemetery.

Only don't stand there sighing,
And please do not hang your head.
But rather think of me lightly
And afterwards, likewise, forget.

Как луч тебя освещает!
Ты весь в золотой пыли...
- И пусть тебя не смущает
Мой голос из-под земли.

3 мая 1913

How the sun shines down upon you!
Its rays set the dust aglow.
And don't let my voice disturb you
And vex you from down below.

May 3, 1913

П. Э.

День августовский тихо таял
В вечерней золотой пыли.
Неслись звенящие трамваи,
И люди шли.

Рассеянно, как бы без цели,
Я тихим переулком шла.
И - помнится - тихонько пели
Колокола.

Воображая Вашу позу,
Я все решала по пути:
Не надо - или надо - розу
Вам принести.

И все приготовляла фразу,
Увы, забытую потом. -
И вдруг - совсем нежданно - сразу! -
Тот самый дом.

Многоэтажный, с видом скуки...
Считаю окна, вот подъезд.
Невольным жестом ищут руки
На шее - крест.

Считаю серые ступени,
Меня ведущие к огню.
Нет времени для размышлений.
Уже звоню.

P. E.[5]

The august day was softly fleeting
Into the twilight's golden dust.
The noisy streetcars passed by, speeding.
And people passed.

With no intention, absent-minded,
I took the quiet street, alone,
And church-bells sang somewhere behind me
Their quiet song.

I thought of you and I together,
I kept envisioning your pose,
I walked and contemplated whether
To bring a rose.

I kept rehearsing what I'd say.
Alas, I would forget the phrase.
Then - suddenly - to my dismay! -
That very place.

So dreary, lifeless and immense…
There is the door, - I count the floors.
Involuntarily, the hands
Reach for the cross.

I count the stairs on my ascension,
They lead me to some flaming hell.
But there's no time for contemplation.
I ring your bell.

Я помню точно рокот грома
И две руки свои, как лед.
Я называю Вас. - Он дома,
Сейчас придет.

Пусть с юностью уносят годы
Все незабвенное с собой. -
Я буду помнить все разводы
Цветных обой.

И бисеринки абажура,
И шум каких-то голосов,
И эти виды Порт-Артура
И стук часов.

Миг, длительный по крайней мере -
Как час. Но вот шаги вдали.
Скрип раскрывающейся двери -
И Вы вошли.

И было сразу обаянье.
Склонился, королевски-прост. -
И было страшное сиянье
Двух темных звезд.

И их, огромные, прищуря,
Вы не узнали, нежный лик,
Какая здесь играла буря -
Еще за миг.

I felt my arms chilled to the bone.
I heard the thunder, clear and loud.
At last, I called for you. - He's home,
He'll be right out.

Let everything be gone with time, --
The youthful days that I recall.
I won't forget what bright designs
Adorned those walls.

I won't forget those lampshade beads,
And someone's zealous voices and
Port Arthur's prints and clocks that beat
High overhead.

The moment was prolonged some more,
And then, I heard your footsteps near,
I heard the squeaking of the door,
And you appeared.

At once, I felt a deep attraction.
You bowed, - as simple as a king
Two brown stars, aglow with passion,
Lit everything.

Your squinted eyes were large and warm.
You gazed upon my tender face.
O, if you only saw the storm
That just took place.

Я героически боролась.
- Мы с Вами даже ели суп! -
Я помню заглушенный голос
И очерк губ.

И волосы, пушистей меха,
И - самое родное в Вас! -
Прелестные морщинки смеха
У длинных глаз.

Я помню - Вы уже забыли -
Вы - там сидели, я - вот тут.
Каких мне стоило усилий,
Каких минут –

Сидеть, пуская кольца дыма,
И полный соблюдать покой...
Мне было прямо нестерпимо
Сидеть такой.

Вы эту помните беседу
Про климат и про букву ять.
Такому странному обеду
Уж не бывать.

В пол-оборота, в полумраке
Смеюсь, сама не ожидав:
"Глаза породистой собаки,
- Прощайте, граф".

Потерянно, совсем без цели,
Я темным переулком шла.
И, кажется, уже не пели -
Колокола.

17 июня 1914

I struggled like a hero, fearless.
 - O just to think, I tried the broth! -
I can recall your quiet whispers,
Your lips were soft.

I can recall your hair was softer
Than fur, and then, - most dear and nice! -
The wrinkles that arose from laughter
Beneath your eyes.

Forgot it? - I will not forget it,
You sat right there - and I was here.
What strength it took for me to bear it,
To sit so near –

And let out rings of smoke, suppressing
My nervousness and showing peace.
It was becoming so distressing
To sit like this.

We spoke about the letter 'yat,'
Old alphabet and weather patterns.
Another meal as strange as that
Will never happen.

The lights were dim. I turned around,
And laughing, I surprised myself:
"Eyes of the pure-bred, loyal hound.
- Dear sir, farewell."

With no intention, absent-minded,
I took the quiet street, alone,
This time, no church-bells sang behind me
Their quiet song.

July 17, 1913

***

Не думаю, не жалуюсь, не спорю.
Не сплю.
Не рвусь ни к солнцу, ни к луне, ни к морю,
Ни к кораблю.

Не чувствую, как в этих стенах жарко,
Как зелено в саду.
Давно желанного и жданного подарка
Не жду.

Не радует ни утро, ни трамвая
Звенящий бег.
Живу, не видя дня, позабывая
Число и век.

На, кажется, надрезанном канате
Я - маленький плясун.
Я - тень от чьей-то тени. Я - лунатик
Двух темных лун.

13 июля 1914

***

I never think or argue, or whine to any one.
I do not sleep.
I strive for neither sea, nor moon, nor sun,
Nor for the ship.

I don't perceive the warmth indoors or
The greenery of grass.
I don't await the gift I wished for
To come at last.

Neither the morning nor the streetcar's call
Delight me as of late.
I live oblivious of time and don't recall
The century and date.

A little dancer on a slashed rope that'll collapse,
I fear, too soon,
I am a shadow's shade, a lunatic, perhaps,
Of two dark moons.

July 13, 1914

***

Под лаской плюшевого пледа
Вчерашний вызываю сон.
Что это было? - Чья победа? -
Кто побежден?

Всё передумываю снова,
Всем перемучиваюсь вновь.
В том, для чего не знаю слова,
Была ль любовь?

Кто был охотник? - Кто - добыча?
Всё дьявольски-наоборот!
Что понял, длительно мурлыча,
Сибирский кот?

В том поединке своеволий
Кто, в чьей руке был только мяч?
Чье сердце - Ваше ли, мое ли
Летело вскачь?

И все-таки - что ж это было?
Чего так хочется и жаль?
Так и не знаю: победила ль?
Побеждена ль?

23 октября 1914

***

Beneath the plush plaid's sweet caresses,
I piece together last night's dream.
Who's been defeated? - Who's successful? -
What has it been?

Rethinking everything once more,
I'm tortured and the pain persists.
In this, for which I know no word,
Did love exist?

Who was the hunter? – And – the prey?
The roles reversed and all was blurred!
What did the cat perceive today
Just as it purred?

When our two wills clashed in this battle,
Who in whose hands was but a ball?
Whose heart had burst into a gallop?
Do you recall?

And after all, - what has it been?
That makes me miss it so and need it?
I still don't know: oh, did I win?
Was I defeated?

October 23, 1914

***

Все глаза под солнцем — жгучи,
День не равен дню.
Говорю тебе на случай,
Если изменю:

Чьи б ни целовала губы
Я в любовный час,
Черной полночью кому бы
Страшно ни клялась, —

Жить, как мать велит ребенку,
Как цветочек цвесть,
Никогда ни в чью сторонку
Глазом не повесть...

Видишь крестик кипарисный?
— Он тебе знаком —
Все проснется — только свистни
Под моим окном.

22 февраля 1915

***

My eyes are scorched by every gaze,
Each day is different in a way.
I am telling you this, just in case,
I should ever cheat and betray:

No matter whose lips I'll kiss
With passionate love and affection,
And no matter to whom, in bliss,
At night, I'll vow in confession

To live just as mothers preach
And bloom as a flower blooms,
Take no notice of men, and teach
My eyes to ignore their looks, -

See this cypress cross? By this one
That you know so well, I swear:
All will waken - you just whistle
By my window there.

February 22, 1915

***

Мне нравится, что Вы больны не мной,
Мне нравится, что я больна не Вами,
Что никогда тяжелый шар земной
Не уплывет под нашими ногами.
Мне нравится, что можно быть смешной -
Распущенной - и не играть словами,
И не краснеть удушливой волной,
Слегка соприкоснувшись рукавами.

Мне нравится еще, что Вы при мне
Спокойно обнимаете другую,
Не прочите мне в адовом огне
Гореть за то, что я не Вас целую.
Что имя нежное мое, мой нежный, не
Упоминаете ни днем ни ночью - всуе...
Что никогда в церковной тишине
Не пропоют над нами: аллилуйя!

Спасибо Вам и сердцем и рукой
За то, что Вы меня - не зная сами! -
Так любите: за мой ночной покой,
За редкость встреч закатными часами,
За наши не-гулянья под луной,
За солнце не у нас на головами,
За то, что Вы больны - увы! - не мной,
За то, что я больна - увы! - не Вами.

3 мая 1915

***[6]

I like the fact that you're not mad about me,
I like the fact that I'm not mad for you,
And that the globe of planet earth is grounded
And will not drift away beneath our shoes.
I like the fact that I can laugh here loudly,
Not play with words, feel unabashed and loose,
And never flush with stifling waves above me
When we brush sleeves, and not seek an excuse.

I like the fact that you don't feel ashamed
As you, before my eyes, embrace another,
I like the fact that I will not be damned
To hell for kissing someone else with ardor,
That you would never use my tender name
In vain, that in the silence of the church's towers,
We'll never get to hear the sweet refrain
Of hallelujahs sung somewhere above us.

With both my heart and hand, I thank you proudly
For everything, - although you hardly knew
You loved me so: and for my sleeping soundly,
And for the lack of twilight rendezvous,
No moonlit walks with your two arms around me,
No sun above our heads or skies of blue,
For never feeling - sadly! - mad about me,
For me not feeling - sadly! - mad for you.

May 3, 1915

***

Хочу у зеркала, где муть
И сон туманящий,
Я выпытать - куда Вам путь
И где пристанище.

Я вижу: мачта корабля,
И Вы - на палубе...
Вы - в дыме поезда... Поля
В вечерней жалобе -

Вечерние поля в росе,
Над ними - вороны...
- Благословляю Вас на все
Четыре стороны!

3 мая 1915

***

I'd like to ask the mirrored glass, -
All hazy, mystical, and foggy, -
To show exactly where you'll pass
And where you'll stop for lodging.

I look and see: An old ship's mast.
There, on the deck, you're standing...
You, by the clouded train... The vast,
Green fields, at night, lamenting...

The evening countryside in dew,
There, ravens soar in flight...
--My dear one, I am blessing you
To go where you decide!

May 3, 1915

***

Заповедей не блюла, не ходила к причастью.
- Видно, пока надо мной не пропоют литию,-
Буду грешить - как грешу - как грешила: со страстью
Господом данными мне чувствами - всеми пятью!

Други! - Сообщники! - Вы, чьи наущения - жгучи!
- Вы, сопреступники! - Вы, нежные учителя!
Юноши, девы, деревья, созвездия, тучи,-
Богу на Страшном суде вместе ответим, Земля!

26 сентября 1915

***

I've never honored commandments, never went to mass,
- Until a psalm is sung and I'm returned to ashes,
I'll continue to sin – like I sin – like I've sinned in the past
With all five of the god-given senses: with passion!

Friends! – Accomplices! – Whose instigations left scars!
Gentle teachers! – Partners in crime and in mirth!
Gentlemen, ladies, clouds, constellations of stars, -
On Judgment Day, we'll answer together, Earth!

September 26, 1915

***

Я знаю правду! Все прежние правды - прочь!
Не надо людям с людьми на земле бороться.
Смотрите: вечер, смотрите: уж скоро ночь.
О чем - поэты, любовники, полководцы?

Уж ветер стелется, уже земля в росе,
Уж скоро звездная в небе застынет вьюга,
И под землею скоро уснем мы все,
Кто на земле не давали уснуть друг другу.

3 октября 1915

***

I know the truth! All other truths - out of my sight!
There is no cause for us to hold these fights and battles!
Just take a look: there's evening, look: there's night.
Why do we fight - o poets, lovers, and commanders?

The grass is dewy and the wind has settled down,
And soon, the stormy vortex of the stars will stop,
And we shall all sleep with our foes below the ground,
Though on this earth, we kept each other up.

October 3, 1915

***

Два солнца стынут,- о Господи, пощади!-
Одно - на небе, другое - в моей груди.

Как эти солнца,- прощу ли себе сама?-
Как эти солнца сводили меня с ума!

И оба стынут - не больно от их лучей!
И то остынет первым, что горячей.

6 октября 1915

***

Two suns are cooling down, - God, I protest! -
One - in the sky, the other - in my chest.

How these two suns - could my conscience forget? -
How these two suns were driving me mad!

Both cooling now, - their rays won't hurt your eyes!
The one that burned the hottest is the first to die.

October 6, 1915

***

Цыганская страсть разлуки!
Чуть встретишь — уж рвешься прочь!
Я лоб уронила в руки
И думаю, глядя в ночь:

Никто, в наших письмах роясь,
Не понял до глубины,
Как мы вероломны, то есть —
Как сами себе верны.

Октябрь 1915

***

The gypsy passion of parting!
Just met - and rushing to part!
I dropped my head in my hands and started
To think, staring into the dark:

From our letters, no one could gather
Any insight to understand more
How disloyal we were, or rather, -
How true to ourselves we were.

October, 1915

***

Никто ничего не отнял!
Мне сладостно, что мы врозь.
Целую Вас — через сотни
Разъединяющих верст.

Я знаю, наш дар — неравен,
Мой голос впервые — тих.
Что Вам, молодой Державин,
Мой невоспитанный стих!

На страшный полет крещу Вас:
Лети, молодой орел!
Ты солнце стерпел, не щурясь, —
Юный ли взгляд мой тяжел?

Нежней и бесповоротной
Никто не глядел Вам вслед...
Целую Вас — через сотни
Разъединяющих лет.

12 февраля 1916

***[7]

No one was left at a loss!
I'm happy we've come to part.
I'm kissing you now – across
The gap of a thousand yards.

We're not equal – I understand.
I'm calm - for the first time.
A young Derzhavin,[8] you can't
Accept my undisciplined rhyme.

I christen your frightening flight:
Young eagle, rise in the air!
You stared at the sun! – my light
And delicate gaze can't compare.

I stood, more tender than those
Who've witnessed you disappear…
I'm kissing you now – across
The gap of a thousand years.

February 12, 1916

***

Откуда такая нежность?
Не первые — эти кудри
Разглаживаю, и губы
Знавала темней твоих.

Всходили и гасли звезды,
Откуда такая нежность?—
Всходили и гасли очи
У самых моих очей.

Еще не такие гимны
Я слушала ночью темной,
Венчаемая — о нежность!—
На самой груди певца.

Откуда такая нежность,
И что с нею делать, отрок
Лукавый, певец захожий,
С ресницами — нет длинней?

18 февраля 1916

***

Where does such tenderness come from?
These curls that I stroke with my hand
Aren't the first that I've stroked, and I
Knew lips that were darker than yours.

The stars rose in the sky and faded,
Where does such tenderness come from? –
And glowing eyes also rose and faded
Right next to my own two eyes.

And I used to listen to greater hymns
In complete darkness, at night,
Betrothed - Oh, tenderness! -
On the chest of the singer himself.

Where does such tenderness come from,
And what do I do with it, you, sly,
Adolescent, vagabond singer,
Whose lashes couldn't be longer?

February 18, 1916

***

У меня в Москве - купола горят!
У меня в Москве - колокола звонят!
И гробницы в ряд у меня стоят, -
В них царицы спят, и цари.

И не знаешь ты, что зарей в Кремле
Легче дышится - чем на всей земле!
И не знаешь ты, что зарей в Кремле
Я молюсь тебе - до зари!

И проходишь ты над своей Невой
О ту пору, как над рекой-Москвой
Я стою с опущенной головой,
И слипаются фонари.

Всей бессонницей я тебя люблю,
Всей бессонницей я тебе внемлю -
О ту пору, как по всему Кремлю
Просыпаются звонари...

Но моя река - да с твоей рекой,
Но моя рука - да с твоей рукой
Не сойдутся. Радость моя, доколь
Не догонит заря - зари.

7 мая 1916

***[9]

Here, in my Moscow, - cupolas shine.
Here, in my Moscow, - church bells chime.
And the tombstones, here, all stand aligned,[10]
Tsarinas sleep there, and tsars.

You wouldn't know, but in the Kremlin, at dawn,
One breathes easier – and just here alone!
You wouldn't know, but in the Kremlin, each dawn,
I pray to you - until dusk.

And you stroll along your Neva River, slow,
While I stand alone where my Moskva flows.
With my head bowed low, I watch the blurry glow -
Streetlamps in the dusk.

With my whole insomnia, I'm in love with you,
With my whole insomnia, I am harking you,
While the sextons awake in the Kremlin to
Carry out their morning tasks.

But, my love, my river – with your river still…
But, my love, my arm – with your arm, I feel,
Will not come together, at least, until
Dawn catches dusk.

May 7, 1916

***

Над городом, отвергнутым Петром,
Перекатился колокольный гром.

Гремучий опрокинулся прибой
Над женщиной, отвергнутой тобой.

Царю Петру и вам, о царь, хвала!
Но выше вас, цари, колокола.

Пока они гремят из синевы -
Неоспоримо первенство Москвы.

И целых сорок сороков церквей
Смеются над гордынею царей!

28 мая 1916

***

Above the city Peter had abandoned,
The church bells resonated thunder.

Again, their crashing waves have swept
Above the woman that you've left.

Tsar Peter, and you, tsar, shall be admired!
Yet, here, the bells are elevated higher.

So long as they ring out from the blue -
The primacy of Moscow will hold true.

And forty forties churches from afar
Still ridicule the grandeur of the tsar!

May 28, 1916

***

Мимо ночных башен
Площади нас мчат.
Ох, как в ночи страшен
Рев молодых солдат!

Греми, громкое сердце!
Жарко целуй, любовь!
Ох, этот рев зверский!
Дерзкая - ох - кровь!

Мой рот разгарчив,
Даром, что свят - вид.
Как золотой ларчик
Иверская горит.

Ты озорство прикончи,
Да засвети свечу,
Чтобы с тобой нонче
Не было - как хочу.

31 марта 1916

***

We cross the squares, in fright,
Past the evening towers.
O, how scary in the night
To hear the soldiers' shouts!

Let the heart thunder, loud!
Let love kiss, fiery hot!
O, these bestial shouts!
How insolent! – their blood.

My lips are ready to flare
Despite the saintly face.
The Iverskaya glares
As though a golden case!

End this mischief, stop!
Instead, set a candle alight
So that you don't end up
Just as I wish you might.

March 31, 1916

***

Думали — человек!
И умереть заставили.
Умер теперь, навек.
— Плачьте о мертвом ангеле!

Она на закате дня
Пел красоту вечернюю.
Три восковых огня
Треплются, суеверные.

Шли от него лучи —
Жаркие струны по снегу!
Три восковых свечи —
Солнцу-то! Светоносному!

О поглядите, как
Веки ввалились темные!
О поглядите, как
Крылья его поломаны!

Черный читает чтец,
Крестятся руки праздные...
— Мертвый лежит певец
И воскресенье празднует.

9 мая 1916

***[11]

They thought - he was a man!
And forced him to die.
He is dead. The end.
- Cry for the angel, cry!

Before the fall of night,
He praised the evening splendor.
Now, three waxen lights
- Superstitious - tremble.

He emitted bright light;
Its rays made the snow smolder.
Only three candles shine –
For him! For the sun-holder!

Oh, will you look - how
His eyelids are flattened!
Oh, will you look - how
His wings are shattered!

People pray. The priest
Reads to the congregation.
- The poet lies deceased,
Celebrates resurrection.

May 9, 1916

***

Не отстать тебе! Я - острожник,
Ты - конвойный. Судьба одна.
И одна в пустоте порожней
Подорожная нам дана.

Уж и нрав у меня спокойный!
Уж и очи мои ясны!
Отпусти-ка меня, конвойный,
Прогуляться до той сосны!

26 июня 1916

***[12]

You won't leave me! You're the warden.
I'm the convict. We're chained in our lives.
And for both, one expulsion order
To hollowed emptiness applies.

And my temper is peaceful and passive!
And my vision is clear and fine!
Won't you let me, escort, I ask you,
To take a leisurely stroll to that pine?

June 26, 1916

***

Ты солнце в выси мне застишь,
Все звезды в твоей горсти!
Ах, если бы -- двери настежь!-
Как ветер к тебе войти!

И залепетать, и вспыхнуть,
И круто потупить взгляд,
И, всхлипывая, затихнуть,
Как в детстве, когда простят.

2 июля 1916

***[13]

You overshadow the sun in the sky,
In your hands, you hold the stars!
And wind-like, one day, I would like
To push your doors ajar,

And babble before you, and riot,
And lower my eyes by your side,
And weeping, suddenly, go quiet,
As a forgiven child might.

July 2, 1916

***

Руки даны мне - протягивать каждому обе,
Не удержать ни одной, губы - давать имена,
Очи - не видеть, высокие брови над ними -
Нежно дивиться любви и - нежней - нелюбви.

А этот колокол там, что кремлевских тяжёле,
Безостановочно ходит и ходит в груди, -
Это - кто знает? - не знаю, быть может, - должно быть –
Мне загоститься не дать на российской земле!

2 июля 1916

***[14]

I was given two hands – to extend both to each and every –
Can't hold either one back, lips – to give names,
Eyes – not to see, those high eyebrows above them –
To fondly marvel at love and – and more fondly – non-love.

And this church bell, heavier than those at the Kremlin,
That's endlessly tolling within the chest, -
What is it for? – who knows? – may be – it must be -
To avoid overstaying on the vast Russian land.

July 2, 1916

***

В огромном городе моем - ночь.
Из дома сонного иду - прочь
И люди думают: жена, дочь,-
А я запомнила одно: ночь.

Июльский ветер мне метет - путь,
И где-то музыка в окне - чуть.
Ах, нынче ветру до зари - дуть
Сквозь стенки тонкие груди - в грудь.

Есть черный тополь, и в окне - свет,
И звон на башне, и в руке - цвет,
И шаг вот этот - никому - вслед,
И тень вот эта, а меня - нет.

Огни - как нити золотых бус,
Ночного листика во рту - вкус.
Освободите от дневных уз,
Друзья, поймите, что я вам - снюсь.

17 июля 1916

***

In my unending city, there is night.
Away from sleeping buildings, I take flight.
The passersby all ponder: daughter, wife,-
But I remembered one thing only: night.

The mild, July wind shows me where to go.
In someone's house, music's playing - low.
Until the sunrise, surely, winds will blow
And pass between my ribs and into - slow.

There's a lit up window and a poplar tree,
A flower in my hand, a church-bell's plea,
This path I take in no one's footsteps - free,
And this lone shadow, - there is no me.

Outside, the lamps, like golden beads, blaze,
And in my mouth, - this bitter leaf's taste.
My friends, release me from the day's maze.
You're merely dreaming all of this, dazed.

July 17, 1916

***

После бессонной ночи слабеет тело,
Милым становится и не своим,— ничьим,
В медленных жилах еще занывают стрелы,
И улыбаешься людям, как серафим.

После бессонной ночи слабеют руки,
И глубоко равнодушен и враг и друг.
Целая радуга в каждом случайном звуке,
И на морозе Флоренцией пахнет вдруг.

Нежно светлеют губы, и тень золоче
Возле запавших глаз. Это ночь зажгла
Этот светлейший лик,— и от темной ночи
Только одно темнеет у нас — глаза.

19 июля 1916

***

After a night of insomnia, the body gets weaker,
Becomes dear, but no one's, - not even your own.
Just like a seraph, you walk, smiling to people,
And arrows, stuck in slow veins, continue to moan.

After insomnia, arms lose their strength, droop down,
You become equally oblivious to friends and foes.
A whole rainbow appears in each unexpected sound,
And it smells of Florence during the bitter frost.

Our lips brighten up and shadows become light
Around the hollow eyes. It was the black skies
That lit up this image, - and from the dark night,
Only one thing grows darker on us - our eyes.

July 19, 1916

Даниил

Села я на подоконник, ноги свесив.
Он тогда спросил тихонечко: Кто здесь?
- Это я пришла. - Зачем? - Сама не знаю.
- Время позднее, дитя, а ты не спишь.

Я луну увидела на небе,
Я луну увидела и луч.
Упирался он в твое окошко, -
Оттого, должно быть, я пришла...

О, зачем тебя назвали Даниилом?
Все мне снится, что тебя терзают львы!

26 июля 1916

Daniel[15]

I sat on the windowsill, with my legs dangling
He then asked me quietly: Who's there?
- It is I that came – And why? – I do not know.
- My child, it's rather late and you're not sleeping.

I saw the moon up in the sky,
I saw the moon, I saw its beam.
It pushed against your window, -
And perhaps, that's why I'm here…

O, tell me why they named you Daniel?
I keep on dreaming of you mangled by the lions!

July 26, 1916

***

Сегодня ночью я одна в ночи —
Бессонная, бездомная черница! —
Сегодня ночью у меня ключи
От всех ворот единственной столицы!

Бессонница меня толкнула в путь.
— О, как же ты прекрасен, тусклый Кремль мой! —
Сегодня ночью я целую в грудь
Всю круглую воюющую землю!

Вздымаются не волосы — а мех,
И душный ветер прямо в душу дует.
Сегодня ночью я жалею всех, —
Кого жалеют и кого целуют.

1 августа 1916

***

This night, I wander, all alone outside, -
A sleepless nun, a homeless traveler! -
I have the keys from all the gates tonight
Of this unique, and one and only capital!

Insomnia has pushed me into town,
- How stunning you appear, O dusky Kremlin! -
This night, I kiss the boisterous and round,
The hostile, warring planet on the temple!

The muggy wind blows straight into the soul.
And not the hair arises, but the fleece!
This night, alone, I pity, one and all, -
Those who are pitied presently and kissed.

August 1, 1916

***

Я тебя отвоюю у всех земель, у всех небес,
Оттого что лес -- моя колыбель, и могила -- лес,
Оттого что я на земле стою -- лишь одной ногой,
Оттого что я тебе спою -- как никто другой.

Я тебя отвоюю у всех времен, у всех ночей,
У всех золотых знамен, у всех мечей,
Я ключи закину и псов прогоню с крыльца --
Оттого что в земной ночи я вернее пса.

Я тебя отвоюю у всех других -- у той, одной,
Ты не будешь ничей жених, я -- ничьей женой,
И в последнем споре возьму тебя -- замолчи! --
У того, с которым Иаков стоял в ночи.

Но пока тебе не скрещу на груди персты --
О проклятие! -- у тебя остаешься -- ты:
Два крыла твои, нацеленные в эфир, --
Оттого что мир -- твоя колыбель, и могила -- мир!

15 августа 1916

***

I'll conquer you from any land and from any sky,
For the forest is my cradle and it's where I'll die,
Because, here, on this earth, I stand - only on one foot,
And because I'll sing for you - like no other could.

I'll conquer you from any epoch, from any night,
From any golden banner, from any sword in a fight,
I'll chase the dogs off the porch, toss away the key
For, in this night, a dog is less loyal than me.

I'll conquer you from all others and from that one too,
I'll be no one's wife, - you'll be no one's groom.
I'll win the last battle, - hush! - and pull you aside
From the one, with whom, Jacob fought all night.[16]

Before I cross my hands on your chest, - I'm cursed! -
And until that day, you'll remain - just yours,
This is why your wings aim for the upper sky, -
For the world's your cradle and it's where you'll die!

August 15, 1916

***

Каждый день все кажется мне: суббота!
Зазвонят колокола, ты войдешь.
Богородица из золотого киота
Улыбнется, как ты хорош.

Что ни ночь, то чудится мне: под камнем
Я, и камень сей на сердце -- как длань.
И не встану я, пока не скажешь, пока мне
Не прикажешь: Девица, встань!

8 ноября 1916

***

I cannot wait for Saturday these days!
It seems the bells will ring, and you will enter.
The Virgin will admire you from the case, -
How handsome you are and how tender!

And every night, I see a vision: there's a stone
On top of me - much like a hand, it lies
Upon my heart. And I won't rise up on my own
Until you say, until you bid me: Child, arise![17]

November 8, 1916

***

Ты, мерящий меня по дням,
Со мною, жаркой и бездомной,
По распаленным площадям —
Шатался — под луной огромной?

И в зачумленном кабаке,
Под визг неистового вальса,
Ломал ли в пьяном кулаке
Мои пронзительные пальцы?

Каким я голосом во сне
Шепчу — слыхал? — О, дым и пепел!
Что можешь знать ты обо мне,
Раз ты со мной не спал и не пил?

7 декабря 1916

***

Did you roam the smoldering squares
With me, hot, homeless and dazed,
Beneath the huge moon – you, who dares
To measure me by the days?

Inside the tavern, cursed by the plague,
While the frenzied waltz still lingered,
Did your drunken grip ever break
My slender and brittle fingers?

And have you heard me whisper as I drift
to sleep? - O, smoke and ashes! – Never?!
What could you know about me if
We never slept or drank together?

December 7, 1916

***

На тебе, ласковый мой, лохмотья,
Бывшие некогда нежной плотью.
Всю истрепала, изорвала, -
Только осталось что два крыла.

Одень меня в свое великолепье,
Помилуй и спаси.
А бедные истлевшие отрепья
Ты в ризницу снеси.

13 мая 1918

***

Have these tatters, my dear, my cherished,
What was once gentle flesh, now perished.
It was torn apart, battered, and stained, -
These two wings are all that remained.

Dress me up in your splendid majesty.
And have mercy, let me be purged.
Leave the shreds, - decomposed and raggedy, -
In the vestry of the church.

May 13, 1918

***

В лоб целовать -- заботу стереть.
В лоб целую.

В глаза целовать -- бессонницу снять.
В глаза целую.

В губы целовать -- водой напоить.
В губы целую.

В лоб целовать -- память стереть.
В лоб целую.

5 июня 1917

***

To kiss the forehead – is to erase worry.
I kiss the forehead.

To kiss the eyes – is to cure insomnia.
I kiss the eyes.

To kiss the lips – is to quench thirst.
I kiss the lips.

To kiss the forehead – is to erase memory.
I kiss the forehead.

June 5, 1917

***

Только живите!— Я уронила руки,
Я уронила на руки жаркий лоб.
Так молодая Буря слушает Бога
Где-нибудь в поле, в какой-нибудь
                темный час.

И на высокий вал моего дыханья
Властная вдруг — словно с неба —
                ложится длань.
И на уста мои чьи-то уста ложатся.
— Так молодую Бурю слушает Бог.

20 июня 1917

***

Just live! - I dropped my arms,
I dropped my burning forehead in my arms.
Thus, a young Tempest listens to God
Somewhere in the field, in some
                gloomy hour.

And upon the high wave of my breathing
Imperious - as if from the sky -
                a hand descends.
And someone's lips descend onto my lips.
- Thus God listens to a young Tempest.

June 20, 1917

***

Мой день беспутен и нелеп:
У нищего прошу на хлеб,
Богатому даю на бедность,

В иголку продеваю - луч,
Грабителю вручаю - ключ,
Белилами румяню бледность.

Мне нищий хлеба не дает,
Богатый денег не берет,
Луч не вдевается в иголку,

Грабитель входит без ключа,
А дура плачет в три ручья -
Над днем без славы и без толку.

27 July, 1918

***

My day's peculiar and mad:
I plead a beggar for some bread,
I help a rich man with a dollar.

I thread the needle's eye with light,
I grant a thief the keys inside,
And use white paint to coat my pallor.

The beggar doesn't give me bread,
The rich man rudely shakes his head,
The needle won't be looped with light,

The thief walks in without the keys,
Alone, a fool weeps on her knees -
About the day, - bizarre and trite.

July 27, 1918

***

Поступь легкая моя,
- Чистой совести примета -
Поступь легкая моя,
Песня звонкая моя -

Бог меня одну поставил
Посреди большого света.
- Ты не женщина, а птица,
Посему - летай и пой.

1 ноября 1918

***

My footsteps are light,
- A sign of clear conscience –
My footsteps are light,
My song - thunderous -

God placed me all alone
In the cosmic universe.
- You're not a woman, but a bird,
Therefore - soar and sing.

November 1, 1918

Психея

Не самозванка - я пришла домой,
И не служанка - мне не надо хлеба.
Я страсть твоя, воскресный отдых твой,
Твой день седьмой, твое седьмое небо.

Там, на земле, мне подавали грош
И жерновов навешали на шею.
Возлюбленный! Ужель не узнаешь?
Я ласточка твоя - Психея!

Апрель 1918

Psyche[18]

I'm neither an imposter nor a guest!
I'm not the maid! I am your seventh
Day, your longed-for Sunday's rest,
Your passion and your seventh heaven!

On earth, they wouldn't offer me a dime,
Hung millstones on my neck to spite me.
My love! Do you not recognize me? I'm
Your little bird, your swallow – Psyche!

April, 1918

***

Семь мечей пронзали сердце
Богородицы над Сыном.
Семь мечей пронзили сердце,
А мое -- семижды семь.

Я не знаю, жив ли, нет ли
Тот, кто мне дороже сердца,
Тот, кто мне дороже Сына...

Этой песней -- утешаюсь.
Если встретится -- скажи.

25 мая 1918

***

Seven swords pierced Mary's heart
As she grieved about her Son.
Seven swords pierced through her heart,
Mine was pierced – seven times seven.

I don't know if he's dead or alive,
He, who's dearer to me than the heart,
He, who's dearer to me than the Son…

With this song – I console myself.
If you meet him – tell me.

May 25, 1918

***

Я -- есмь. Ты -- будешь. Между нами -- бездна.
Я пью. Ты жаждешь. Сговориться -- тщетно.
Нас десять лет, нас сто тысячелетий
Разъединяют. -- Бог мостов не строит.

Будь! -- это заповедь моя. Дай -- мимо
Пройти, дыханьем не нарушив роста.
Я -- есмь. Ты -- будешь. Через десять весен
Ты скажешь: -- есмь! -- а я скажу: -- когда-то...

6 июня 1918

***

I – am. You – will be. An abyss between us.
I drink. You thirst. In vain, we try to agree.
Ten years between us, a hundred thousand
Years between us. – God builds no bridges.

Be! – that's my commandment! Let me pass,
So that my breath doesn't hinder your growth.
I – am. You – will be. Ten springs from now,
You'll say: - I am! – and I will say: - once was...

June 6, 1918

***

Умирая, не скажу: *была*.
И не жаль, и не ищу виновных.
Есть на свете поважней дела
Страстных бурь и подвигов любовных.

Ты, - крылом стучавший в эту грудь,
Молодой виновник вдохновенья -
Я тебе повелеваю: - будь!
Я - не выйду из повиновенья.

30 июня 1918

***

Upon my deathbed, I won't say: *I was*.
No one's to blame and I can feel no sadness.
There are much greater cares in life than those
Of feats of love and passion's madness.

But you - the youth, whose wing would beat
Against this chest, - the cause of inspiration -
I do demand this, and command you: - be!
And I'll remain obedient and patient.

June 30, 1918

***

Ночи без любимого — и ночи
С нелюбимым, и большие звезды
Над горячей головой, и руки,
Простирающиеся к Тому —
Кто от века не был — и не будет,
Кто не может быть — и должен быть.
И слеза ребенка по герою,
И слеза героя по ребенку,
И большие каменные горы
На груди того, кто должен — вниз...

Знаю всё, что было, всё, что будет,
Знаю всю глухонемую тайну,
Что на темном, на косноязычном
Языке людском зовется — Жизнь.

6 июля 1918

***

Nights without the beloved - and nights
With the one you don't love, and huge stars
Above the feverish forehead, and arms,
Stretching up and reaching to Him -
Who wasn't here for ages - and won't be,
Who cannot be - and must be....
And the child's tear for the hero,
And the hero's tear for the child,
And enormous, rocky mountains
On the chest of the one who must - descend...

I know all that was and all that shall be,
I know the deaf and dumb mystery,
That the uneducated and inarticulate
Language of people calls - Life.

July 6, 1918

***

Как правая и левая рука -
Твоя душа моей душе близка.

Мы смежны, блаженно и тепло,
Как правое и левое крыло.

Но вихрь встаёт - и бездна пролегла
От правого - до левого крыла!

10 июля 1918

***

Like the arm on the left and the arm on the right,
Your soul and my soul stand side by side.

We merge in warmth, bliss and delight,
Like the wing on the left and the wing on the right.

But a vortex rises – and a chasm breaks the link
Extending from the right – to the left wing!

July 10, 1918

***

Солнце - одно, а шагает по всем городам.
Солнце - мое. Я его никому не отдам.

Ни на час, ни на луч, ни на взгляд. - Никому. - Никогда!
Пусть погибают в бессменной ночи города!

В руки возьму! Чтоб не смело вертеться в кругу!
Пусть себе руки, и губы, и сердце сожгу!

В вечную ночь пропадет - погонюсь по следам...
Солнце мое! Я тебя никому не отдам!

Февраль 1919

***

There's only one sun - but it travels the world everyday.
This sun is all mine and I won't ever give it away.

I will share not an hour of warmth, not a beam of its light!
I'll let cities perish in the constant, unchangeable night!

I will hold it up with my hands, till it ceases to turn!
I don't care if my hands, lips and heart must get burned!

Let it vanish in darkness and rushing, I'll follow its way...
My darling, my sunlight! I won't ever give you away!

February, 1919

***

Она подкрадётся неслышно -
Как полночь в дремучем лесу.
Я знаю: в передничке пышном
Я голубя Вам принесу.

Так: встану в дверях - и ни с места!
Свинцовыми гирями - стыд.
Но птице в переднике - тесно,
И птица - сама полетит!

19 марта 1920

***

It'll sneak up on me, so quiet -
Like the forest during the night.
I'll bring you the dove, - I'll hide it
In my apron and bring it inside.

I'll stand in your doorway - inert!
Shame - like the weight of a stone.
But the apron's too tight for a bird,
And the bird will fly on its own!

March 19, 1920

***

Писала я на аспидной доске,
И на листочках вееров поблеклых,
И на речном, и на морском песке,
Коньками по льду и кольцом на стеклах, --

И на стволах, которым сотни зим,
И, наконец -- чтоб было всем известно! --
Что ты любим! любим! любим! -- любим!
Расписывалась -- радугой небесной.

Как я хотела, чтобы каждый цвел
В веках со мной! под пальцами моими!
И как потом, склонивши лоб на стол,
Крест -- накрест перечеркивала -- имя...

Но ты, в руке продажного писца
Зажатое! ты, что мне сердце жалишь!
Непроданное мной! внутри кольца!
Ты -- уцелеешь на скрижалях.

18 мая 1920

***[19]

I wrote in school, with chalk upon the slate,
On leaves of fans whose color had been lost,
On windows with my ring, on ice with skates
On riverbanks and seashore's sandy coasts,

On century-old tree trunks, worn, and rough,
And finally, - just to erase all doubts -
That you are loved! Loved! Loved! Loved! Loved!
I signed my name – a rainbow through the clouds.

How much I wanted each to bloom and thrive,
With me! Beneath my fingers for the ages!
And later, with my head upon the table, I
Crossed out each name – and ruined all those pages…

But one remained with the unfaithful scribe,
Inside the heart - I feel that piercing sting!
Not sold by me! You will somehow survive
Engraved on tablets and inside the ring!

May 18, 1920

***

Восхищенной и восхищённой,
Сны видящей средь бела дня,
Все спящей видели меня,
Никто меня не видел сонной.

И оттого, что целый день
Сны проплывают пред глазами,
Уж ночью мне ложиться - лень.
И вот, тоскующая тень,
Стою над спящими друзьями.

19 мая 1920

***

Held captured and enraptured deeply,
I saw my dreams during the day, --
All saw me sleeping where I lay,
Nobody saw me tired and sleepy.

And all because throughout the day,
The dreams were floating in my sight,
I can't sleep now, and here I stay
And like a lonesome shadow sway
Over my sleeping friends at night.

May 19, 1920

***

Вчера еще в глаза глядел,
А нынче - всё косится в сторону!
Вчера еще до птиц сидел,-
Всё жаворонки нынче - вороны!

Я глупая, а ты умен,
Живой, а я остолбенелая.
О, вопль женщин всех времен:
"Мой милый, что тебе я сделала?!"

И слезы ей - вода, и кровь -
Вода,- в крови, в слезах умылася!
Не мать, а мачеха - Любовь:
Не ждите ни суда, ни милости.

Увозят милых корабли,
Уводит их дорога белая...
И стон стоит вдоль всей земли:
"Мой милый, что тебе я сделала?"

Вчера еще - в ногах лежал!
Равнял с Китайскою державою!
Враз обе рученьки разжал,-
Жизнь выпала - копейкой ржавою!

Детоубийцей на суду
Стою - немилая, несмелая.
Я и в аду тебе скажу:
"Мой милый, что тебе я сделала?"

***

Just yesterday, you met my gaze,
Now you avoid it, grim and dark!
You used to stay till morning rays, -
Now, ravens have replaced the larks!

I'm just a fool, and you're so wise,
You're living and I've long turned numb.
O women's ageless, timeless cries:
"My dear one, what is it I've done?!"

All blood and tears are merely water,
She bathes in them, becoming pretty.
Love is a step-mom - not a mother:
She's cruel, unjust and feels no pity

Ships take our loved ones and set sail.
A white road takes them and they're gone.
Across the earth, the women wail:
"My dear one, what is it I've done?!"

Last night, beside me, you lay low,
Comparing me to China's power!
Then suddenly you let me go, -
And life, - a kopek - hit the ground!

As if in court for an infant's murder,
I stood there, feeling rather stunned.
Even from hell, to you I'll murmur:
"My dear one, what is it I've done?!"

Спрошу я стул, спрошу кровать:
"За что, за что терплю и бедствую?"
"Отцеловал - колесовать:
Другую целовать",- ответствуют.

Жить приучил в самом огне,
Сам бросил - в степь заледенелую!
Вот что ты, милый, сделал мне!
Мой милый, что тебе - я сделала?

Всё ведаю - не прекословь!
Вновь зрячая - уж не любовница!
Где отступается Любовь,
Там подступает Смерть-садовница.

Само - что дерево трясти! -
В срок яблоко спадает спелое...
- За всё, за всё меня прости,
Мой милый,- что тебе я сделала!

14 июня 1920

I asked the chair, I asked the bed:
"Why all this pain? Why do I bother?"
"He got his kiss - you're doomed to death:
And now, he's off to kiss another."

You've taught to live in the fire's heat,
Now, in the icy steppe - I'm shunned!
That's what, my dear, you've done to me!
My dear one, what is it I've done?

I know it all - don't contradict me!
I see again - no more your lover!
Where Love departs, there, rather quickly,
Old Death-the-Gardener takes over.

Why shake the tree? The apples fall
Once they have ripened in the sun.
- Forgive me all, forgive me all,
My dear one, - that I've ever done!

June 14, 1920

***

Любовь! Любовь! И в судорогах, и в гробе
Насторожусь - прельщусь - смущусь - рванусь.
О милая! - Ни в гробовом сугробе,
Ни в облачном с тобою не прощусь.

И не на то мне пара крыл прекрасных
Дана, чтоб на сердце держать пуды.
Спеленутых, безглазых и безгласных
Я не умножу жалкой слободы.

Нет, выпростаю руки! - Стан упругий
Единым взмахом из твоих пелен
- Смерть - выбью! Верст на тысячу в округе
Растоплены снега и лес спален.

И если всё ж - плеча, крыла, колена
Сжав - на погост дала себя увесть, -
То лишь затем, чтобы смеясь над тленом,
Стихом восстать - иль розаном расцвесть!

28 ноября 1920

***

Love! Even convulsing, even in the grave,
I'll get attentive - squint - get scared - and dart.
My dear! We'll part in neither snowy caves
Nor in the graves of clouds shall we part!

I have been blessed with these two gorgeous
Wings, and I refuse to load my heart with weights.
And I won't multiply the villagers' misfortune
Of swaddled, blind, voiceless, wretched fates.

I'll free my arms! - And then, my sturdy torso
Out of your garments, Death, with just one blow!
And for a thousand of yards, the forest
Will burn to ash and melt the fallen snow.

And even if, - pressing my wings and shoulders
And knees, I'll let myself be taken to the tomb, -
I'll do this only so that, later, laughing over
The ash, - I'll rise up as a poem or a bloom.

November 28, 1920

***

Прямо в эфир
Рвется тропа.
 - Остановись! -
Юность слепа.
Ввысь им и ввысь!
В синюю рожь!
 - Остановись! -
В небо ступнешь.

25 августа 1921

***

A path - into ether
Leaves the earth behind.
- Stop here, people! -
Adolescence is blind.
Higher and higher still!
Into the blue fields of rye!
-Stop! - or you will
Step on the sky.

August 25, 1921

Диалог Гамлета с совестью

- На дне она, где ил
И водоросли... Спать в них
Ушла, - но сна и там нет!
- Но я ее любил,
Как сорок тысяч братьев
Любить не могут!
                          - Гамлет!

На дне она, где ил:
Ил!.. И последний венчик
Всплыл на приречных бревнах...
- Но я ее любил
Как сорок тысяч...
                          - Меньше,
Все ж, чем один любовник.

На дне она, где ил.
- Но я ее –
              (недоуменно)
                          любил??

5 июня 1923

Hamlet's dialogue with his conscience

-She's at the riverbed, in algae, covered
With weeds... She went to sleep there,
But there's no dream there, as it happens.
-But I loved her,
Loved more than forty thousand brothers
Ever could have loved!
                            -Hamlet!

She's at the riverbed in algae, covered
With algae!... And her final garland has
Now surfaced by the bank upon a log...
- But I loved her,
Loved more than forty thousand...
                        -Still less
Than just a single lover could have loved.

She's at the riverbed, with algae covered.
- But I -
            (*bewildered*)
                        loved her??

June 5, 1923

Попытка ревности

Как живется вам с другою,-
Проще ведь?- Удар весла!-
Линией береговою
Скоро ль память отошла

Обо мне, плавучем острове
(По небу - не по водам)!
Души, души!- быть вам сестрами,
Не любовницами - вам!

Как живется вам с *простою*
Женщиною? *Без* божеств?
Государыню с престола
Свергши (с оного сошед),

Как живется вам - хлопочется -
Ежится? Встается - как ?
С пошлиной бессмертной пошлости
Как справляетесь, бедняк?

"Судорог да перебоев -
Хватит! Дом себе найму".
Как живется вам с любою -
Избранному моему!

Свойственнее и сьедобнее -
Снедь? Приестся - не пеняй...
Как живется вам с подобием -
Вам, поправшему Синай!

An attempt at jealousy

How is living with another?
Simpler? The thud of oars! –
Memories of me soon start to
Drift like wave-lines by the shores,

I'm the island in the distance,
(Not on water! – in the sky!)
Souls! - You're destined to be sisters
And not lovers in this life!

How is living with the common
Woman and not sharing the divine?
Having now removed the sovereign
From her throne (forced to resign),

How is living full of cares?
How is waking with another?
Poor man, how much can you bear
Of the tax of this dishonor?

"I have had it! – being bothered -
I will rent a place. Enough!"
How is living with some other –
You, my only chosen love?

You eat her food with such elation,
Who's to blame when you're fed up…
Do you enjoy the replication?
You, who tramped the Sinai top!

Как живется вам с чужою,
Здешнею? Ребром - люба?
Стыд Зевесовой вожжою
Не охлестывает лба?

Как живется вам - здоровится -
Можется? Поется - как?
С язвою бессмертной совести
Как справляетесь, бедняк?

Как живется вам с товаром
Рыночным? Оброк - крутой?
После мраморов Каррары
Как живется вам с трухой

Гипсовой? (Из глыбы высечен
Бог - и начисто разбит!)
Как живется вам с сто-тысячной -
Вам, познавшему Лилит!

Рыночною новизною
Сыты ли? К волшбам остыв,
Как живется вам с земною
Женщиною, без шестых

Чувств?..
Ну, за голову: счастливы?
Нет? В провале без глубин -
Как живется, милый? Тяжче ли,
Так же ли, как мне с другим?

19 ноября 1924

Living with someone so foreign -
Do you love her - for the rib?
Does the shame still lash your forehead
Every day with Zeus' whips?

How is living with her, there?
Feeling healthy? Sing at all?
Poor man, how much can you bear
Of the shame that plagues your soul?

How is living with the market
Good? Are the prices rising fast?
Having known Carrara marble,
How is living with the dust

of the plaster? (God was carved
In the block, -- then, smashed completely!)
With the thousandth – is it hard?
You, who used to be with Lilith![20]

Got bored of market products early?
Got bored of novelties and sick
Of magic? How is living the earthly
Woman, one without the sixth

Sense?...
Living happily in love?
No? In despair, without an end?
How's your life? Is it as tough
As my own with another man?

November 19, 1924

Б. Пастернаку

Рас - стояние: версты, мили...
Нас рас - ставили, рас - садили,
Чтобы тихо себя вели
По двум разным концам земли.

Рас - стояние: версты, дали...
Нас расклеили, распаяли,
В две руки развели, распяв,
И не знали, что это - сплав

Вдохновений и сухожилий...
Не рассорили - рассорили,
Расслоили...
                Стена да ров.
Расселили нас как орлов-

Заговорщиков: версты, дали...
Не расстроили - растеряли.
По трущобам земных широт
Рассовали нас как сирот.

Который уж, ну который - март?!
Разбили нас - как колоду карт!

24 марта 1925

To B. Pasternak[21]

Dis-tances: miles, versts...
They dis-pelled us until we dis-persed,
So we would act as we were told
In two corners of the world.

Dis-tances: versts, spaces...
They dislocated us, they displaced us,
They disjoined us, crucified on display,
And observed to their dismay,

How our sinews fused and ideas broadened...
Without discord, - just in disorder,
Distorted....
        Disconnected by a wall and a dike.
They disbanded us like

Eagles-conspirators: versts, spaces...
Not disunited, - they disarrayed us.
Across the slums of the globe's range
As if orphans, we're disarranged.

For how many Marches, have our hearts
Been cut like a deck of cards?!

March 24, 1925

Стол

Мой письменный верный стол!
Спасибо за то, что ствол
Отдав мне, чтоб стать -- столом,
Остался -- живым стволом!

С листвы молодой игрой
Над бровью, с живой корой,
С слезами живой смолы,
С корнями до дна земли!

17 июля 1933

Writing Table

My loyal, reliable writing table,
I thank you dearly for being able,
Having yielded the tree trunk to be
A table, to stay – as a living tree.

With swaying leaves and the branch's arc
Overhead, with the living bark,
With the sap tearing down the face,
And with roots to the earth's base!

July 17, 1933

***

Вскрыла жилы: неостановимо,
Невосстановимо хлещет жизнь.
Подставляйте миски и тарелки!
Всякая тарелка будет - мелкой,
Миска - плоской.

Через край - и мимо
В землю черную, питать тростник.
Невозвратно, неостановимо,
Невосстановимо хлещет стих.

6 января 1934

***

I've cut open my veins: irrevocably,
Irreplaceably life is gushing.
Bring forth the dishes and bowls!
Any bowl will prove too small
Any dish – too shallow.

Filling up and *overly*
Onto the earth, reeds purging.
Inconceivably, irrevocably,
Irreplaceably, verse is surging.

January 6, 1934

***

Никому не отмстила и не отмщу --
Одному не простила и не прощу
С дня как очи раскрыла -- по гроб дубов
Ничего не спустила -- и видит Бог
Не спущу до великого спуска век...
-- Но достоин ли человек?...
-- Нет. Впустую дерусь: ни с кем.
Одному не простила: всем.

26 января 1935

***

I've never revenged myself and I never will --
There's but one that I haven't forgiven still
Since I opened my eyes - till the casket's closed
I won't pardon and compromise - God knows
I will never excuse him till my eyelids are shut
-- Could the man be worthy of all of that?
-- I fight with no one in vain, not a single soul.
There's but one that I haven't forgiven: for all.

January 26, 1935

***

В мыслях об ином, инаком,
И ненайденном, как клад,
Шаг за шагом, мак за маком
Обезглавила весь сад.

Так, когда-нибудь, в сухое
Лето, поля на краю,
Смерть рассеянной рукою
Снимет голову - мою.

6 сентября 1936

***

Thinking of somebody else, somebody
Unique, and like treasure I've yet to discover,
Step by step, and poppy by poppy, -
I beheaded the garden, flower by flower.

Exactly thus, some dry summer, one day,
On the edge of the field where I'll stand,
My own head will also be plucked away
By Death's absent-minded hand.

September 6, 1936

***

Есть на карте — место:
Взглянешь — кровь в лицо!
Бьется в муке крестной
Каждое сельцо.

Поделил — секирой
Пограничный шест.
Есть на теле мира
Язва: всё проест!

От крыльца — до статных
Гор — до орлих гнезд —
В тысячи квадратных
Невозвратных верст —

Язва.
 Лег на отдых —
Чех: живым зарыт.
Есть в груди народов
Рана: наш убит!

Только край тот назван
Братский — дождь из глаз!
Жир, аферу празднуй!
Славно удалась.

Жир, Иуду — чествуй!
Мы ж — в ком сердце — есть:
Есть на карте место
Пусто: наша честь.

19-22 ноября 1938

***[22]

On the map – a place's exposed:
Blood flows to the face!
In the agony of the cross,
Villages here blaze.

The land is split – a pole ax
Is the border pole.
On the world - an ulcer:
Will consume the world!

From doors to regal mountains -
It cannot be reversed -
To eagle's nests – for thousands
Square unending versts -

An ulcer.
       Laying down to rest:
A Czech is buried alive.
A wound in the nation's chest:
One of our own has died!

The instant this place is mentioned
Brotherly - tears run.
Swine, celebrate deception!
Rather well done.

Hail Judas, disgraced!
We – with hearts - are certain:
On the map - a barren place:
Conscience burden.

November 19 - 22, 1938

Biography:

Marina Tsvetaeva (1892- 1941):

Marina Ivanovna Tsvetaeva was born in Moscow on October 9, 1892.

Her father, Ivan Vladimirovich Tsvetaev, worked as a professor of the history of art at the University of Moscow. Later, he founded the Alexander III Museum, perhaps better known under the name of the Pushkin Museum.

Her mother, Maria Alexandrovna Meyn, was Ivan's second wife. Longing to become a great concert pianist, and frustrated when such a dream had not become realized, Maria Alexandrovna hoped for a son endowed with musical talent. Instead, she had a daughter with an incredible gift for writing. Not thinking much of her daughter's poetical talent, Maria put great pressure on Tsvetaeva to study music.

During the year 1902, Tsvetaeva's mother developed tuberculosis. Because it was believed that a change in climate could aid her illness, the family continually traveled abroad, until her death in 1906. Such travels led Tsvetaeva to be obliged to change schools often, while learning the Italian, French, and German languages.

Evening Album, her first collection of poetry, was published in 1910, and received favorable reviews from many prominent critics and poets, including Maxim Voloshin, who later became Tsvetaeva's friend and mentor, and would introduce Tsvetaeva to a number of well-known writers.

In 1912, Marina Tsvetaeva married Sergei Efron and soon had two daughters, Ariadna (or Alya) and Irina.
During the Revolution, Tsvetaeva and Efron were separated when

Sergei joined the Tsar's White Army. During the Moscow famine, Tsvetaeva had no way to support herself and her daughters, and was forced to give up Irina to an orphanage, where she died of starvation at the age of 3.

For three years, Tsvetaeva had no knowledge of the whereabouts of her husband. Finally, she received word that he was living in Germany. In May of 1922, Tsvetaeva left the Soviet Union and reunited with Efron in Berlin. There, she published the collections *Separation*, *Poems to Blok* and *The Tsar Maiden*.

In August of 1922, the family moved to Prague. Around the same time, Tsvetaeva began the well-known correspondence with the poet and writer, Boris Pasternak. Through their passionate letters, they maintained an intimate friendship and shared their love for poetry.

In 1925, the family moved to Paris, where they would live for the next 14 years, and Tsvetaeva soon gave birth to her only son, Georgy.

As in Moscow, in Paris, Tsvetaeva lived in poverty, making very little money from the sales of her work. Longing to return to Russia, Efron became a spy for NKVD, (the forerunner of KGB). In 1937, the French police linked him to the murder of a Russian agent, and he was forced to return to Russia to avoid prison.

In 1939, Tsvetaeva and finally returned to the Soviet Union, where things took a turn for the worse. Efron and Alya were arrested for espionage. He was shot in 1941 and she ended up serving eight years in prison. Tsvetaeva could not find any work, and found it hard to make a living.

On August 31, 1941, unable to support herself and her son, Tsvetaeva took her own life.

Biography by Anna Yatskar

Notes:

[1] **Edmond Eugène Alexis Rostand:** (1868 - 1918) a French poet and dramatist.

[2] **Sarah Bernhardt:** (1844 – 1923) a French stage actress, who acted a role in Rostand's play L'Aiglon, a tragedy based on the life of Napoleon's son, the Duke of Reichstadt.

[3] **Nina Vinogradnaya:** a childhood friend of Marina Tsvetaeva.

[4] **Maximilian Voloshin:** (1877-1932) a poet and a prominent critic, who reviewed Tsvetaeva's collection "Evening Album" and wrote favorably of Tsvetaeva work.

[5] **Peter Efron:** (1883 – 1914) an older brother of Marina Tsvetaeva's husband, Sergey Efron, who suffered and later died from from tuberculosis.

[6] **"I like the fact..."**: This poem is dedicated to M. A. Mintz (1886 - 1917), who later became the husband of Marina Tsvetaeva's sister, Anastasia.

[7] **"No one was left at a loss..."**: The poem was dedicated to the poet O. E. Mandelshtam (1891-1938).

[8] **Gavril Romanovic Derzhavin:** (1743 - 1816) considered to be the greatest Russian poet before Aleksander Pushkin.

[9-10] **"Here, in my Moscow...", "They thought – a man!..."**: These poems were part of a 16-poem cycle dedicated to the poet A. A. Blok (1880-1922).

[11] **"And the tombstones..."**: Refers to Archangel Cathedral, at Kremlin, the burial place of the Moscow princes and tsars.

[12,13,14] **"You won't leave me...", "You overshadow the sun in the sky...", "I was given two hands..."**: These poems were part of a 13-poem cycle dedicated to the poet A.A. Akhmatova (1889-1966).

[15] **Daniel:** In the Bible, Daniel was thrown into the lion's den for worshiping God, when it was outlawed to worship anyone other than King Darius for a 30 day period. Daniel was saved by an angel who shut the mouths of the lions.

[16] **Jacob:** (see Genesis 32:22-32): Jacob wrestles with an angel on the bank of Jabbok until the break of day, when the angel accepts the defeat and gives Jacob the name "Israel."

[17] **"Child, arise!":** (see Luke 8:54) Jesus resurrects the daughter of Jairus from the dead.

[18] **Psyche:** From Greek mythology, personification of the soul, Goddess of Beauty and wife or Eros.

[19] **"I wrote in school, with chalk upon the slate"**: The poem was addressed to her husband Sergey Efron. The name of the husband and the date of the wedding is engraved on the inside of the wedding ring.

[20] **Lilith:** A mythological female demon, who was the first wife of Adam.

[21] **Boris Pasternak:** (1890 – 1960), a Nobel Prize winning poet and writer, famous for his novel, Dr. Zhivago. In the late 1920s, he, Tsvetaeva and Rainer Maria Rilke exchanged numerous letters.

[22] **"On the map..."**: This poem is part 3 in a cycle of poems entitled *Poems to Czechoslovakia*

Made in the USA
Lexington, KY
03 January 2011